Katja Rommel

Kindliche Verhaltensstörungen - Definition, Diagnose und gesellschaftliche Implikationen

GRIN Verlag

Bibliografische Information der Deutschen Nationalbibliothek:

Die Deutsche Bibliothek verzeichnet diese Publikation in der Deutschen National-
bibliografie; detaillierte bibliografische Daten sind im Internet über http://dnb.d-
nb.de/ abrufbar.

Impressum:

Copyright © 2007 GRIN Verlag GmbH
Druck und Bindung: Books on Demand GmbH, Norderstedt Germany
ISBN: 978-3-638-93578-4

Dieses Buch bei GRIN:

http://www.grin.com/de/e-book/90069/kindliche-verhaltensstcerungen-definition-
diagnose-und-gesellschaftliche

GRIN - Your knowledge has value

Der GRIN Verlag publiziert seit 1998 wissenschaftliche Arbeiten von Studenten, Hochschullehrern und anderen Akademikern als eBook und gedrucktes Buch. Die Verlagswebsite www.grin.com ist die ideale Plattform zur Veröffentlichung von Hausarbeiten, Abschlussarbeiten, wissenschaftlichen Aufsätzen, Dissertationen und Fachbüchern.

Besuchen Sie uns im Internet:

http://www.grin.com/

http://www.facebook.com/grincom

http://www.twitter.com/grin_com

Kindliche Verhaltensstörungen

Katja Rommel

Abgabetermin: Ende WS 2006/07

Inhaltsverzeichnis

I. Zum Begriff der „Verhaltensstörung"

Als Fachterminus für bestimmte Störungsbilder bei Kindern, Jugendlichen und Heranwachsenden kennt man den Begriff der Verhaltensstörung erst seit 1950, als er auf einem Kongress für Kinder- und Jugendpsychiatrie in Paris in das Fachvokabular eingeführt wurde (vgl. Hillenbrand 2006, 31).

Auch wenn man angesichts mancher Medienberichte und politischer Fensterreden zu der irrigen Auffassung gelangen könnte, Verhaltensstörungen seien erst in die Welt gekommen, als der Fernseher und die Computerspielkonsole das Kinderzimmer eroberten, kennt man das Phänomen, die typischen Erscheinungsbilder dessen, was auch de Laien als „Verhaltensstörung" geläufig ist, schon lange. Heinrich Hoffmann, ein Frankfurter Psychiater, hat schon 1845 die entsprechenden Störungsbilder beschrieben:

Aufmerksamkeitsdefizit-Syndrom (ADS) mit Hyperkinesie: Zappelphilipp-Syndrom

Die Geschichte vom Hanns Guck-in-die-Luft

Wenn der Hanns zur Schule ging,
stets sein Blick am Himmel hing.
Nach den Dächern, Wolken, Schwalben
schaut er aufwärts, allenthalben:
Vor die eignen Füße dicht,
ja, da sah der Bursche nicht,
also dass ein jeder rief:
»Seht den Hanns Guck-in-die-Luft!«

Kam ein Hund dahergerannt,
Hanns ein blickte unverwandt
in die Luft.
Niemand ruft:
»Hanns! Gib Acht, der Hund ist nah!«
Was geschah?
Paul Perdauz! – Da lagen zwei!
Hund und Hannchen nebenbei.

Anorexia nervosa: Der Suppenkaspar

Sie alle stammen, ebenso wie der „böse Friedrich", der „Daumenlutscher", „das Pau-
linchen mit den Streichhölzern" und weitere bekannte Charaktere aus dem berühm-
ten Kinderbuch „Der Struwwelpeter" (Abbildungen aus: Hoffmann 2002).

Der Autor, Heinrich Hoffmann, kannte diese Störungsbilder aus seiner eigenen psychiatrischen Praxis. Den „Struwwelpeter" hat er nicht als Fachliteratur verfasst, sondern als Weihnachtsgeschenk für seinen eigenen Sohn – vor mehr als 160 Jahren.

Versucht man zu definieren, was „Verhaltensstörungen" sind, so nähert man sich diesem komplexen Begriff vernünftiger Weise, indem man zunächst die Frage stellt, was „Verhalten" bedeutet: Dorschs Psychologisches Wörterbuch, gibt die Auskunft, es handele sich um die physische Aktivität eines Organismus, die beobachtbar und somit grundsätzlich objektiv messbar sei. Zu dieser Aktivität zähle man willkürliche und unwillkürliche Muskelbewegungen sowie Sprach- und Lautäußerungen. Eine bis dahin beruhigende Antwort, die jedoch alsbald einen neue Richtung einschlägt und den Leser mit der Unschärfe des Begriffs konfrontiert, denn es folgt der Hinweis, dass „Verhalten" – im Sinne des Behaviorismus – auch ein Spiegel der innerpsychischen Vorgänge sei, weshalb auch innere Erlebnisprozesse, das Denken und Wollen zum Verhalten zu rechnen seien (vgl. Ries 1994, 846).

Dass der Begriff der „Verhaltensstörung" von einer Vielzahl definitorischer Fallstricke umgeben ist, über die zu straucheln man fortwährend Gefahr läuft, merkt man vollends, wenn man nunmehr zu bestimmen versucht, was den Unterschied von „nicht gestörtem Verhalten" bzw. „normalem" und „gestörtem Verhalten" ausmacht. Geht man der Frage nach, was „normales Verhalten" sei, so stellt man fest, dass dies keineswegs als ausgemacht gelten kann. Die Antwort auf diese Frage kann sich nämlich gleichermaßen orientieren an der

- **statistischen Norm**:
  - ➤ wie verhält sich der Durchschnitt, z.B. der Altersdurchschnitt der 7-Jährigen beim Essen?

- **funktionalen Norm**, die ihrerseits wieder zweifach unterschieden werden kann
  - • **individuelle Norm:**
    - ➤ wie kann der 7-jährige (Zappel-)Philipp sich in dieser Situation verhalten?
  - • **Idealnorm:**
    - ➤ wie sollte sich der 7-jährige Philipp in dieser Situation verhalten, damit er seine Mahlzeit einnehmen kann?

- **sozialen Norm:**
  - ➤ wie sollte Philipp sich verhalten, damit er, seine Eltern und deren Gäste mit Genuss essen können?

Diese perspektivische Vielfalt geht mit dem Umstand einher, dass eine ebensolche Vielzahl von Fachdisziplinen versucht, mit dem ihnen jeweils eigenen Forschungsinstrumentarium den Begriff der „Verhaltensstörung" mit Inhalt zu füllen. So weist der an der Universität Köln lehrende Heilpädagoge Clemens Hillenbrand darauf hin, dass der Begriff „...Probleme umfasst, die in verschiedenen Nachbardisziplinen, etwa Psychologie, Soziologie, Medizin oder Jura behandelt werden" (Hillenbrand 2006, 30) umfasst, und gibt zugleich zu bedenken, dass diese Wissenschaften unter demselben Begriff möglicherweise unterschiedliche Problemlagen behandeln.

Verhaltensstörungen als interdisziplinäres Thema

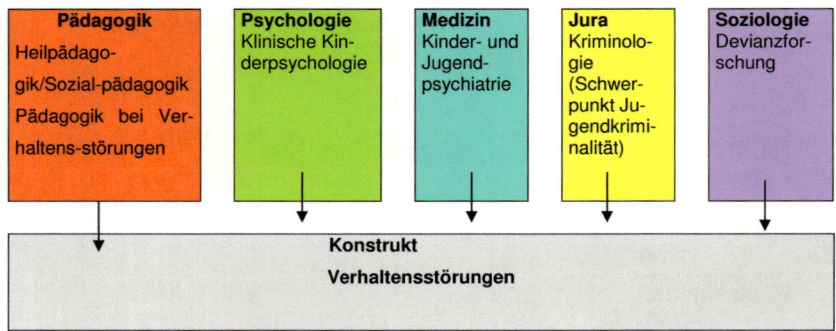

Pädagogik	Psychologie	Medizin	Jura	Soziologie
Heilpädago-gik/Sozial-pädagogik Pädagogik bei Ver-haltens-störungen	Klinische Kin-derpsychologie	Kinder- und Jugend-psychiatrie	Kriminolo-gie (Schwer-punkt Ju-gendkrimi-nalität)	Devianzfor-schung

Konstrukt
Verhaltensstörungen

(nach Hillenbrand 2006, 42)

Entscheidet man sich, je nach fachlicher Herkunft, für eines oder eine Kombination verschiedenen Konzepte, was „Norm" sei, so darf man bei dem weiteren Versuch, gestörtes von normalem Verhalten abzugrenzen, nicht dem Fehler erliegen, naiv von einer bimodalen Verteilung „normal : abnormal" auszugehen: Denn nicht alles, was der Norm nicht zu 100% entspricht, ist abnormal. Die Verteilung der Abweichung ver-läuft nämlich in zahlreichen Zwischenstufen (vgl. Ries 1994, 3).

Dem versuchen die Begriffe der Verhaltens-„Störung" oder Verhaltens-„Auffälligkeit" (vgl. Schaub/Zenke 2000, 579) Rechnung zu tragen. Nach der von der Weltgesund-heitsorganisation herausgegebenen „Internationalen Klassifikation psychischer Stö-rungen" bedeutet „Störung" „…einen klinisch erkennbaren Komplex von Symptomen oder Verhaltensauffälligkeiten…, die immer auf der individuellen und oft auch auf der Gruppen- und sozialen Ebene mit Belastungen und Beeinträchtigungen von Funktio-nen verbunden sind. Soziale Abweichungen oder soziale Konflikte allein, ohne per-sönliche Beeinträchtigungen sollten nicht als… Störung… angesehen werden." (Dil-ling et al. 1993, 23)

Auf dieser Grundlage sei nun der Versuch einer Definition des Begriffs „Verhaltens-störung" unternommen:

- Verhaltensstörungen entstehen aus einem Missverhältnis zwischen Verhaltenserwartungen an das Kind, den Jugendlichen und Heranwachsenden und deren Anpassungsbereitschaft bzw. Anpassungsleistung.

- Die Beschreibung einer Verhaltensstörung muss daher die Situation und die Interaktionspartner in ihrem Verhalten mit erfassen.

- Verhaltensbesonderheiten sollten zunächst als normalpsychologische Reaktion auf Anforderungen der Umwelt verstanden werden.

- Die Diagnose sollte nur dann gestellt werden, wenn die gleiche Störung wiederholt auftritt und sollte erst auf Kinder ab dem Schulalter angewandt werden.

- Problemstellungen, die vor diesem Alter auftreten, sollten als Entwicklungsdiskontinuitäten oder Entwicklungsrückstände verstanden werden (vgl. Opp 2003, 505; vgl. auch die Ausführungen von Rollett 2002, 718f., im Anschluss an ICD 10 und DSM IV; vgl. auch Schaub/Zenke 2000, 579; vgl. Tölle 1996, 63).

Weil dieser Definitionsversuch einer Vielzahl von Störungsbildern gerecht werden soll, muss er verhältnismäßig blass bleiben und bedarf der exemplarischen Ergänzung durch einen Katalog von Diagnosekriterien und die Beschreibung einer Reihe von einschlägigen Störungsbildern.

Zuvor scheint jedoch noch eine Anmerkung notwendig, um in angemessener Weise mit der Thematik umgehen zu können: Im Umgang mit dem Begriff „Verhaltensstörung" ist Vorsicht geboten, denn dieses Wort kommt als „Wolf im Schafspelz" daher:

o Da die Ätiologie von Verhaltensstörungen weitgehend ungeklärt ist und

o da das in der Definition beschriebene Missverhältnis ebenso gut durch die Erwartungen („Normen"), die zahlreichen Wandlungen unterworfen sind, wie auch durch die Anpassung begründet werden kann,

> kann die diagnostische Etikettierung „verhaltensgestört" zwar einerseits dazu beitragen, individuelle Entwicklungsbeeinträchtigungen auszugleichen,

> kann aber andererseits durch Stigmatisierung der weiteren Entwicklung des Betroffenen erheblichen Schaden zufügen.

II. Diagnostische Kriterien für Verhaltensstörungen

Ausgehend von der Frage, welche objektivierbaren Kriterien erfüllt sein müssen, damit von einer „Verhaltensstörung" gesprochen werden kann, hat die kinder- und jugendpsychiatrische Forschung Kataloge von Bestimmungsgrößen entwickelt. Es muss hierbei jeweils mehr als nur ein Merkmal erfüllt sein, um eine Diagnose zu stellen. Eine Ausnahme von dieser Regel bilden schwerwiegende Verhaltensprobleme, z. B. ein Suizidversuch oder eine delinquente Handlung wie etwa Körperverletzung. Diese werden auch dann als Diagnose sichernd aufgefasst, wenn sie nicht häufig oder nicht lang andauernd auftreten. Es werden in den verschiedenen Kriterienkatalogen durchaus unterschiedliche diagnostische Ansätze und Perspektiven gewählt. In der folgenden Übersicht werden hierzu zwei gebräuchliche Ansätze, den von Bower aus dem Jahr 1974 und den differenzierteren von Steinhausen aus dem Jahr 2002 einander gegenübergestellt.

Kriterium	Kriterienkatalog nach Steinhausen 2002	Kriterienkatalog nach Bower 1974
Angemessenheit	Problemverhalten entspricht nicht dem Alter und dem Geschlecht.	Unangemessenes Verhalten und auffällige emotionale Erlebnisverarbeitung unter Normalbedingungen
Soziokulturelle Gegebenheiten	verstößt gegen soziale und kulturelle Normen	
Situationsspezifität	Problemverhalten relativ unabhängig von rein situativen Auslösern	
Lebensumstände	Besondere Lebensumstände (Geburt eines Geschwisters, Schulbeginn, Klassen- und Wohnortwechsel) als besondere Belastungen und damit Risiken für Verhaltensstörung	
Ausmaß der Störung	mehrere Symptome	Eine Tendenz, körperliche Symptome, Furcht oder Angst im Zusammenhang mit schulischen und persönlichen Problemen zu entwickeln
Art des Symptoms	Betrifft wichtige Entwicklungsbereiche	
Schweregrad	Schwerwiegend	
Häufigkeit der Symptome	Problemverhalten tritt häufiger auf als tolerabel	
Persistenz	längerfristig und überdauernd	Eine allgemeine und dauerhafte Stimmung des Unzufriedenseins oder der Depression
Leiden	Das Kind leidet unter seinem Problemverhalten	
Soziale Einengung	Das Problemverhalten führt zu einer Verringerung sozialer Kontakte und positiver Beziehungen	Unvermögen, befriedigende zwischenmenschliche Beziehungen zu Mitschülern und Lehrern aufzubauen und zu erhalten
Interferenz mit der Entwicklung	Soziale, emotionale, kognitive oder/und sprachliche Entwicklungsprozesse werden verzögert, beeinträchtigt oder gestört	Lerndefizite, die durch intellektuelle, sensorische und gesundheitliche Einflussfaktoren nicht erklärbar sind
Verhaltensänderung	Problemverhalten steht nicht im Einklang mit normaler Reifung und Entwicklung	
Auswirkungen auf andere	Problemverhalten beeinträchtigt die soziale Umwelt	

(nach Steinhausen 2002, 15f., zit. bei Hillenbrand 2006, 40f.; nach Bower 1974, 22.ff., zit. nach Opp 2003, 504)

Anhand solcher Kriterien werden Verhaltensabweichungen bzw. Verhaltensauffällig-keiten unter dem Gesichtspunkt beurteilt, ob sie im Sinne einer Verhaltens*störung* aufzufassen sind. Bei der Erforschung ätiologischer Grundlagen versucht man, die Vielzahl der in der Literatur beschriebenen Störungsbilder mit Blick auf ihre Sympto-matik zu klassifizieren.

Klassifikation (nach Myschker/Hillenbrand, zit. bei Hillenbrand 2006, 37)

Verhaltensstörungen (Unterscheidung an der Symptomatik orientiert)		
(in den meisten Untersuchungen stellen Jungen zwei Drittel der Betroffenen)		
Externalisierende (extroversi-ve*) Störungen	Beispiele: Aggression, Hyperak-tivität, Aufmerksamkeitsstörun-gen, Impulsivität (Empirische Belege überwiegend bei Jun-gen)	Kommentar: Verhaltens-störungen mit unterkontrol-liertem Verhalten
Internalisierende (introversi-ve*) Störungen	Beispiele: Angst, Minderwertig-keitsgefühl, Trauer, Interesselo-sigkeit, Schlafstörungen, soma-tische Störungen (Empirische Belege überwiegend bei Mäd-chen)	Kommentar: Verhaltens-störungen mit überkontrol-liertem Verhalten
Sozial unreifes Verhalten	Beispiele: Konzentrations-schwäche, altersunangemesse-nes Verhalten, leicht ermüdbar, leistungsschwach, nicht belast-bar	Kommentar: Verhaltens-störungen mit unterkontrol-liertem Verhalten
Sozial delinquentes Verhalten	Beispiele: Gewalttätigkeit, Reiz-barkeit, Verantwortungslosig-keit, leichte Erregbarkeit und Frustration, Beziehungsstörun-gen, niedrige Hemmschwelle	

* (Termini nach Achenbach 1966, zit. nach Opp 2003, 505)

Der Erziehungswissenschaftler Günther Opp schlägt im Anschluss an frühere Unter-
suchungen zur Symptomatologie eine Einteilung in vier symptomatische Formenkreise vor, die eine Reihe von Übereinstimmungen mit denen vor Myschker zeigen, als
wesentliche Ergänzung jedoch unter der Überschrift „Psychotisches Verhalten" einen
weiteren Formenkreis in die Darstellung aufnehmen:

Psychotisches Verhalten	Beispiele: Psychosen (Realitätsverlust), Selbststimulation, Stereotypien, Autismus, selbstverletzendes Verhalten

Formenkreis psychotischen Verhaltens (nach Opp 2003, 505)

Opp weist an gleicher Stelle – offenbar im Anschluss an Achenbach 1966 - darauf
hin, dass die verschiedenen Formenkreise signifikante Überlappungen im Sinne einer Komorbidität aufweisen (vgl. Opp 2003, 505).

III. Gesellschaftliche Implikationen

In einer Studie, die Verhaltensstörungen in Nordhessen auf e ner breiten Datenbasis
erhob, stellten die Kinder- und Jugendpsychiater Remschmidt und Walter fest, dass
12,7% der Kinder zwischen 6 und 17 Jahren als behandlungsbedürftig anzusehen
waren. Diese Zahl stammt vom Ende der 80er Jahre des vergangenen Jahrhunderts
und liegt etwas unter dem aktuell geschätzten überregionalen deutschen Durchschnitt von 15% dieser Altersgruppe (vgl. Myschker 2005, 79; zit. bei Hillenbrand
2006, 39). Interessanter Weise erhielt jedoch nur etwa ein Zehntel der Betroffenen
eine entsprechende Therapie (vgl. Remschmidt/Walter 1990, zit. bei Hillenbrand
2006, 38), und auch in Hinblick auf notwendige heilpädagogische Hilfestellungen
kommen die Autoren zu der ernüchternden Feststellung, dass die meisten behand-
lungsbedürftigen Kinder keine Sonderschulen besuchten, sondern die reguläre
Grund- und Hauptschule oder weiterführende Schulen und Berufsschulen (vgl. Hillenbrand 2006, 38).

Dies kann zu vielerlei Überlegungen Anlass gaben, so auch zu der folgenden: Verdankt sich der Umstand, dass nur ein Bruchteil dieser Kinder therapeutische und heilpädagogische Hilfe erhielten, Entscheidungen, die zum Wohle der Betroffenen gefällt wurden, oder werden die Entscheidungen, wer als verhaltensgestört zu gelten hat, wer therapiert werden muss und wer in die Sonderschule gehört, vielleicht auch mit Blick darauf getroffen, wie viele solche Fälle unsere Gesellschaft sich leisten kann, ohne nach außen ihr Bildungsprestige und nach innen ihre Haushaltslage zu gefährden?

IV. Zur Frage der „Risikogruppen"

Vor diesem Gedankenhintergrund sei zum Abschluss noch die Frage angeschlsosen, ob es eine „Risikogruppe" für Verhaltensstörungen gibt. Tatsächlich beschreiben die bereits zitierten Autoren Remschmidt und Walter eine solche Risikogruppe wie folgt: „Niedriges Alter, niedrige soziale Schicht, Besuch von Sonder-, Grund- oder Hauptschule und Ausländerstatus kovariieren eng mit einem vermehrten Auftreten von Verhaltensstörungen." (zit. bei Hillenbrand 2006, 38)

Der Verdacht lässt sich nicht völlig von der Hand weisen, dass die beschriebenen sozialen Kriterien nicht nur mit objektiv messbaren Symptomen einer Störung kovariieren, sondern auch mit der gesellschaftlichen Bereitschaft, auffälliges Verhalten unter die Lupe zu nehmen und ihm den Charakter einer Störung zu attestieren. Was das bedeutet, hat schon Mark Twain vor 130 Jahren in seinem Roman „Tom Sawyer und Huckleberry Finn" vorgeführt, seither ein Klassiker der Jugendliteratur: Tom und Huck tun im Grunde dasselbe, die meisten argen Streiche hecken sie gemeinsam aus, und wenn sie erwischt werden – was die Regel ist -, dann ebenfalls gemeinsam. Aber: Tom stammt aus „ordentlichem" Hause, Huck ist der Sohn eines Trunkenboldes und lebt auf der Straße. Die Folge: Tom gilt als mutwillig und leichtsinnig, nicht aber als böse, sondern als der gutmütigste Junge, den es je gab (vgl. Twain 1876, zit. nach Davison/Neale 1996, 500) – und er gilt seit seiner literarischen Geburt als der amerikanische Junge schlechthin (vgl. Davison/Neale 1996, 500). Was aber ist mit Huck, dem „Penner"? Er „wurde von allen Müttern der Stadt aus tiefstem Herzen gehasst und gefürchtet, denn er war ein Nichtsnutz und zügellos und vulgär und schlecht.'" (Twain 1876, zit. nach Davison/Neale 1996, 500).

Fiktion oder Wirklichkeit? Gerald Davison und John Neale, Autoren eines der führenden Lehrbücher zur klinischen Psychologie, denen das Beispiel von Tom und Huck zu verdanken ist, nehmen Mark Twain beim Wort und wagen die provokative Mutmaßung, ob wohl die Tatsache, dass Huck keine „anständige" Familie hatte, ein Faktor war, der die Leute gegen ihn aufbrachte? (vgl. Davison/Neale 1996, 500)

V. Quellenverzeichnis

Davison, G.C., Neale, J.M. (^{4}1996): Klinische Psychologie. Weinheim: Psychologie Verlags Union

Dilling, H., Mombour, W, Schmidt, M.H. (Hrsgg.) (^{2}1993): Internationale Klassifikation psychischer Störungen. ICD-10 Kapitel V (F), klinisch diagnostische Leitlinien. Bern: Huber

Hillenbrand, C. (^{3}2006): Einführung in die Pädagogik bei Verhaltensstörungen. München: Ernst Reinhardt Verlag

Hoffmann, H. (2002): Der Struwwelpeter, reprografischer Nachdruck der Erstausgabe aus dem Jahr 1845. München: arsEdition, ohne Seitenzählung

Opp, G. (2003): Symptomatik, Ätiologie und Diagnostik bei Gefühls- und Verhaltensstörungen. In: Leonhardt, A., Wember, F.B. (Hrsgg.): Grundfragen der Sonderpädagogik. Bildung – Erziehung – Behinderung. Ein Handbuch. Weinheim: Beltz, 504 - 517

Ries, H. (^{12}1994): abnormes Verhalten. In: Dorsch, F., Häcker, H, Stapf, K.H. (Hrsgg.): Dorsch Psychologisches Wörterbuch, Bern: Huber, 3

Ries, H. (^{12}1994): Verhalten. In: Dorsch, F., Häcker, H, Stapf, K.H. (Hrsgg.): Dorsch Psychologisches Wörterbuch, Bern: Huber, 846

Rollett, B. (^{5}2002): Psychische Störungen im Entwicklungskontext. In: Oerter, R, Montada, L. (Hrsgg.): Entwicklungspsychologie. Weinheim: Beltz, 713 - 738

Schaub, H., Zenke, K.G. (^{4}2000): Verhaltensauffälligkeit. In: Wörterbuch Pädagogik. München: dtv, 579

Tölle, R. (1996): Psychiatrie einschließlich Psychotherapie. Berlin: Springer